NOUVEAUX PROGRAMMES 2016

Français **CE1**

Ribambelle

ALBUM 1

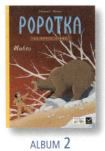
ALBUM 2

ALBUM 3

Livret d'entrainement 1

Sous la direction de
Jean-Pierre Demeulemeester
inspecteur
de l'Éducation nationale

Nadine Demeulemeester
conseillère pédagogique

Monique Géniquet
conseillère pédagogique

Gisèle Bertillot
professeure des écoles maitre formateur

www.orthographe-recommandee.info

Cet ouvrage applique l'orthographe recommandée par le ministère de l'Éducation nationale.

Conception maquette :
Sophie Duclos

Mise en page :
Alinéa

Illustrations :
I. Chatellard *(Kolos et les quatre voleurs)*
F. Simon *(Popotka)*
B. Lacombe *(Maitre chat)*

© Hatier – Paris 2016 – ISBN 978-2-218-99933-8

Sous réserve des exceptions légales, toute représentation ou reproduction intégrale ou partielle, faite, par quelque procédé que ce soit, sans le consentement de l'auteur ou de ses ayants droit, est illicite et constitue une contrefaçon sanctionnée par le Code de la Propriété Intellectuelle. Le CFC est le seul habilité à délivrer des autorisations de reproduction par reprographie, sous réserve en cas d'utilisation aux fins de vente, de location, de publicité ou de promotion de l'accord de l'auteur ou des ayants droit.

Séquence 1
Cahier d'activités p. 10 à 15

Je découvre la grammaire

> **Une phrase doit avoir du sens.** L'ordre des mots est important.

1 Je lis à haute voix les phrases correctes.

Tout le a peur monde du.

Un soir, les voleurs entrent dans la forêt.

L'âne est vieux et fatigué.

Kolos géant s'appelait le.

2 Je lis à haute voix toutes les phrases qui ont un sens.

Les voleurs •
Le géant •

• ont très faim.
• a toujours très faim.
• est très méchant.
• sont perdus.

J'apprends du vocabulaire

3 Je lis seulement les noms des animaux qui vivent dans la forêt.

cheval	âne	loup	sanglier	blaireau	écureuil
hibou	renard	bœuf	hérisson	mouton	coq
vache	poule	cerf	chouette	poisson	oiseau

Je m'entraine à lire

4 Je lis des phrases qui s'allongent.

Avec sa massue, il peut fendre la montagne.
Avec son **énorme** massue, il peut fendre la montagne.
Avec son énorme massue, il peut fendre la montagne **en deux**.

Moi, je suis amoureux, je resterai ici.
Moi, je suis amoureux, je resterai ici **et je rêverai**.
Moi, je suis amoureux, je resterai ici et je rêverai **à celle que j'aime**.

5 Je lis des mots qui se ressemblent.

géant	voleur	sangliers	lièvre
géante	voler	sangles	lèvre
général	valeur	sages	livre
guenon	volant	sanglots	lierre
génial	volume	songeurs	livreur

Séquence 2
Cahier d'activités p. 16 à 20

Je découvre la grammaire

> Pour être facile à repérer, une phrase doit toujours commencer par **une majuscule** et se terminer par **un point** : . ou ! ou ?

1 Je repère les phrases écrites correctement. Je les lis à haute voix.

un croissant de lune éclaire encore la campagne
Un croissant de lune éclaire encore la campagne.

Il se glisse dans la maison. Il entre dans la cuisine. Il vole une pomme.
il se glisse dans. La maison entre dans la cuisine et vole. une pomme.

Le géant ne dormait, qu'à moitié il entend. Du bruit il se réveille.
Le géant ne dormait qu'à moitié. Il entend du bruit, il se réveille.

2 Je lis à haute voix toutes les phrases qui ont un sens.

	• ne dorment pas cette nuit.
Les voleurs •	• ne dort pas profondément.
Le géant •	• entend du bruit.
	• entendent une grosse voix.

J'apprends du vocabulaire

3 Je lis des mots de la même famille.

retentir	trembler	craquer	tinter	claquer
retentissant	tremblant	craquant	tintant	claquant
retentissement	tremblement	craquement	tintement	claquement

Je m'entraine à lire

4 Je lis un texte en partie masqué.

Épouvanté, le voleur se sauve. Il arrive dans l'écurie.
Le cheval géant est là, attelé à une carriole remplie de paille.
Le voleur jette le tonneau dans la carriole, se cache sous la paille
et ne bouge plus !

5 Je lis des mots qui s'enchainent.

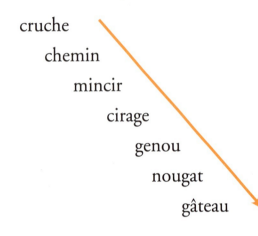

cruche
chemin
mincir
cirage
genou
nougat
gâteau

hiver
verdir
direct
rectangle
Angleterre
terreau

Séquence 3
Cahier d'activités p. 21 à 25

Je découvre la grammaire

> Pour écrire une phrase négative, on utilise généralement les mots :
> **ne … pas** ou **n' … pas**.

1 Je lis chaque phrase négative, je dis à haute voix la phrase contraire.

Le voleur **n**'est **pas** courageux. | N'attendez **pas** dans la forêt.
Il **n**'a **pas** peur du géant. | **Ne** restez **pas** là.
Ses frères **n**'attendent **pas** le signal.

J'apprends du vocabulaire

2 Je lis des mots ou des expressions synonymes.

se presser	se sauver	chuchoter
se dépêcher	s'enfuir	dire doucement
se hâter	décamper	murmurer

fixer du regard	tendre l'oreille	se faufiler
ne pas quitter des yeux	écouter avec attention	se glisser
dévisager	être attentif	s'introduire

Je m'entraine à lire

3 Je lis rapidement des mots très espacés.

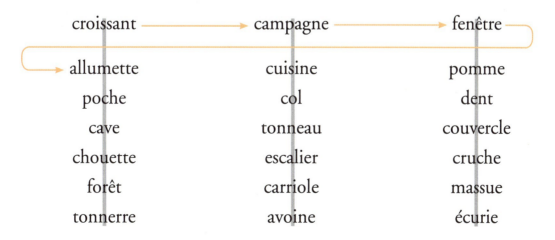

Séquence 4
Cahier d'activités p. 26 à 31

Je découvre la grammaire

> Pour écrire une phrase négative, on utilise aussi les mots :
> **ne … jamais**, **ne … plus**, **ne … rien**.

1 Je lis la phrase négative et la phrase de sens contraire.

Le cheval **ne** parvient **pas** à s'arrêter.
Le cheval parvient à s'arrêter.

La lune **ne** luit **plus**.
La lune luit encore.

L'âne **ne** veut **jamais** courir très vite.
L'âne veut toujours courir très vite.

Le quatrième voleur **n'a rien** compris.
Le quatrième voleur a tout compris.

J'apprends du vocabulaire

2 Je lis des phrases comportant des expressions utilisées au sens figuré.

Il me **casse les pieds** chaque fois que je joue tranquillement dans ma chambre.

J'ai beau **me creuser la tête**, je ne trouve pas la réponse.
Je préfère **donner ma langue au chat**.

Pour toi, il serait prêt à **décrocher la lune**.

Il croit avoir raison mais il **se met le doigt dans l'œil**.

Elle a eu un malaise, elle est **tombée dans les pommes**.

Ma sœur a perdu son doudou. Elle **pleure comme une madeleine**.

Je m'entraine à lire

3 Je lis des mots qui se ressemblent.

canasson	obscurité	lueur	paille
cabanon	obscur	lutteur	maille
caleçon	observer	loueur	caille
hameçon	objet	lourdeur	faille
basson	optique	laveur	pagaille

4 Je lis un texte en partie masqué.

– R_ _ardez !
Est-ce q_ _ ce n'est pas j_ li ?
Je suis m_ _té sur l'arbre le p_ _s haut et pour c_ _le que j'a_ _e,
j'ai décroc_ _ la lune.

Séquence 1
Cahier d'activités p. 34 à 39

Je découvre la grammaire

> À l'oral, on repère une question à l'intonation.
> À l'écrit, on repère une question grâce au **point d'interrogation** placé à la fin de la phrase.

1 Je lis une phrase affirmative et les phrases interrogatives correspondantes.

Ton poney est rapide.
→ Ton poney est rapide ?
→ Est-ce que ton poney est rapide ?
→ Ton poney est-il rapide ?

Vous voyez le rocher.
→ Vous voyez le rocher ?
→ Est-ce que vous voyez le rocher ?
→ Voyez-vous le rocher ?

2 Je lis à haute voix toutes les phrases interrogatives qui ont un sens.

Est-ce que tu •
Popotka a-t-il •

• es fier d'avoir gagné ?
• triché pour gagner la course ?
• as gagné ?
• perdu contre Hoka ?

J'apprends du vocabulaire

3 Je lis des mots qui donnent une impression de…

vitesse		lenteur	
à toute allure	galoper	tranquillement	se promener
rapidement	accélérer	lentement	marcher
avec précipitation	courir	aller au pas	trainer

Je m'entraine à lire

4 **Je lis un texte en partie masqué.**

Comme il était impossible de faire taire Sapa, le clan tout entier
a su que Hoka et son cheval avaient perdu la course contre un petit
garçon et son poney.

5 **Je lis des cris qui se ressemblent.**

YYYiiiPPiiii !!!	OH EH !!	YYYAAAAoouuu !!!	PFFFF…
Youpi !	Hé, hé !	Youhou !	Hum !
Youpiiii !!!	Ah !	Youhouhou !	Mmm…

Séquence 2
Cahier d'activités p. 40 à 44

Je découvre la grammaire

> Les phrases interrogatives commencent souvent par les mots :
> **quand, pourquoi, comment, où, qui, que** ou par **est-ce-que**.

1 Je lis chaque question. Je lis à haute voix la réponse correspondante.

Comment s'appelle-t-il ?
- Son nom est Sapa.
- Il est de la tribu des Sioux.

Pourquoi Popotka est-il inquiet ?
- Quand il se réveille.
- Parce que son poney a disparu.

Qui a laissé ces traces ?
- Le chemin est marqué par les sabots.
- Ce sont sans doute les poneys.

Où sont les Indiens ?
- Les Indiens sont partis vers la montagne.
- Le village est près de la rivière.

Est-ce que Sapa va retrouver son poney ?
- Oui, grâce à l'aide du papa de Popotka.
- Quand il fera jour.

Que dis-tu ?
- Il dit qu'il va partir à leur recherche.
- Je dis que je veux partir à leur recherche.

J'apprends du vocabulaire

2 Je lis des phrases qui expriment…

la gêne	la contrariété	la peur
Popotka est gêné.	Son père est contrarié.	L'animal est apeuré.
Popotka est honteux.	Son père est fâché.	L'animal est effrayé.
Popotka est confus.	Son père est agacé.	L'animal est aux aguets.
Popotka est ennuyé.		

3 Je lis des mots ou des expressions qui ont le même sens.

à l'horizon	sans faire attention	un bruit sec
au loin	sans faire exprès	un craquement
dans le lointain	par mégarde	un claquement

Je m'entraine à lire

4 Je lis des questions qui commencent de la même manière.

Qu'est-ce qui se passe ici ?
Qu'est-ce qui s'est passé ici ?

Qu'est-ce que vous avez à crier comme ça ?
Qu'est-ce que vous avez à hurler comme ça ?
Qu'est-ce que vous avez à courir comme ça ?

5 Je lis des mots qui se ressemblent.

excité	expédition	longtemps	disparition
excitation	exprès	longuement	punition
excellent	expliquer	lentement	attention
exclamation	expérience	temporel	addition

Séquence 3
Cahier d'activités p. 45 à 49

Je découvre la grammaire

> Devant un **nom**, on peut toujours écrire le déterminant **un** ou **une** ; **le, la, l', les, des** sont d'autres déterminants.
> *Exemples :* **un** *chat,* **la** *rue,* **les** *murs,* **le** *sac,* **des** *mots*
> Les prénoms, les noms de pays, de villes… sont des **noms propres**.

1 Je lis à haute voix le déterminant et le nom qui correspond.

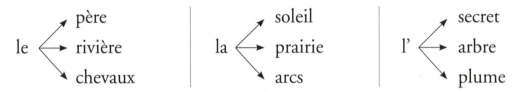

2 Je lis à haute voix le déterminant et le nom qui correspond.

le → père / rivière / chevaux   la → soleil / prairie / arcs   l' → secret / arbre / plume

3 Je lis seulement les noms en ajoutant un déterminant.

tente – ami – dort – nuit – lentement – chevaux – ciel – courir

J'apprends du vocabulaire

4 Je lis des mots de sens contraire.

toujours / jamais   silence / bruit
loin / près   honte / fierté
paisiblement / nerveusement   bienveillance / méchanceté

5 Je lis des mots de sens contraire.

connu	→ **in**connu		possible	→ **im**possible
visible	→ **in**visible		poli	→ **im**poli
capable	→ **in**capable		prévu	→ **im**prévu
supportable	→ **in**supportable		patient	→ **im**patient
évitable	→ **in**évitable			
⚠ utile	→ **in**utile		⚠ mobile	→ **im**mobile
exact	→ **in**exact			
attendu	→ **in**attendu			
occupé	→ **in**occupé			
existant	→ **in**existant			

Je m'entraine à lire

6 Je lis des mots très espacés.

lune → impatience → fenêtre

lanière	nuit	rivière
rocher	premier	clan
cheval	garçon	préféré
formidable	course	courageux
flèche	soleil	plume
arc	tipi	prairie

Séquence 4
Cahier d'activités p. 50 à 55

Je découvre la grammaire

> • Un nom est au **masculin**, si je peux écrire **un** ou **le** devant.
> • Un nom est au **féminin**, si je peux écrire **une** ou **la** devant.

1 Je lis à haute voix les noms féminins en ajoutant un déterminant.

course – chien – minute – vie – feuille – vent – ours – flèche

2 Je lis à haute voix les noms masculins en ajoutant un déterminant.

courage – fête – peur – arc – tête – fleur – chapeau – journée – colline

3 Je lis le nom masculin et le nom féminin correspondant.

un ami	→ **une** ami**e**		**mon** cousin	→ **ma** cousin**e**
un apprenti	→ **une** apprenti**e**		**un** marchand	→ **une** marchand**e**
un inconnu	→ **une** inconnu**e**		**le** voisin	→ **la** voisin**e**
le lion	→ **la** lio**nne**		**le** boucher	→ **la** bouch**ère**
le chien	→ **la** chie**nne**		**le** potier	→ **la** pot**ière**
le chat	→ **la** cha**tte**		**le** tigre	→ **la** tigr**esse**
le coiff**eur**	→ **la** coiff**euse**		**un** act**eur**	→ **une** act**rice**
le roi	→ **la** reine		**un** homme	→ **une** femme
le cheval	→ **la** jument		**un** garçon	→ **une** fille

J'apprends du vocabulaire

4 Je lis des mots de la même famille.

méfiance	honneur	jeunesse	marche
méfiant	honorable	jeune	marcheur
se méfier	honorer	rajeunir	marcher
courage	expédition	accusation	disparition
courageux	expéditeur	accusateur	disparu
encourager	expédier	accuser	disparaitre

16

Je m'entraine à lire

5 Je lis un texte en choisissant le mot exact.

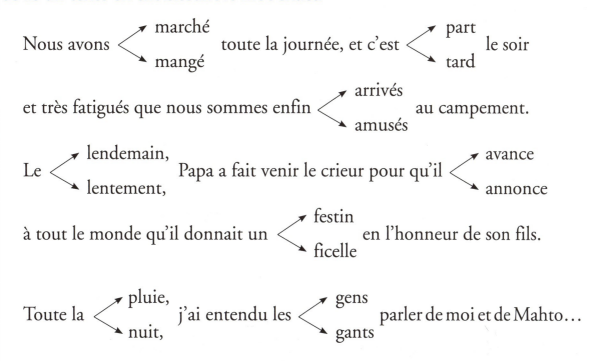

6 Je lis des mots qui se ressemblent.

meilleur	féliciter	griffe	honneur
veilleur	félicitations	griffé	bonheur
voleur	faciliter	gifles	malheur
valeur	facile	gifler	chaleur

Je m'entraine à comprendre ce que je lis

7 Je lis les phrases à haute voix en choisissant les mots qui conviennent.

Pendant que C'est depuis ce jour que Alors que	le petit indien est devenu célèbre.
Bientôt, Pendant la soirée, Tandis que	tous les membres de la tribu ont fait la fête.

Séquence 1
Cahier d'activités p. 61 à 66

Je découvre la grammaire

> L'**adjectif** est un mot qui donne des **précisions** sur le nom.
> Il peut se placer avant ou après le nom.
> *Exemples : un grand arbre / un arbre immense*
> Le déterminant, le nom et l'adjectif composent le **groupe du nom**.

1 Je lis seulement les groupes du nom correctement construits.

une pierre **noire**	la tente **grande**	un **gentil** garçon
la **grosse** pierre	une **belle** tente	le garçon **petit**
une **verte** pierre	une tente **agréable**	un garçon **poli**

2 Je lis chaque groupe du nom puis je lis seulement l'adjectif.

un pantalon rouge – un grand moulin – un soleil brulant – un âne têtu – un beau chat

J'apprends du vocabulaire

3 Je lis des mots de la même famille.

honnête	grave	rare	rapide
honnêtement	gravement	rarement	rapidement
honnêteté	gravité	rareté	rapidité

énorme	pauvre
énormément	pauvrement
énormité	pauvreté

4 Je lis des mots de sens contraire.

heureux → **mal**heureux	poli → **mal**poli
honnête → **mal**honnête	adroit → **mal**adroit
odorant → **mal**odorant	chanceux → **mal**chanceux

Je m'entraine à lire

5 Je lis un texte avec des mots cailloux.

Quelques jours après, le chat s'en alla dans un bois où il y avait beaucoup de lapins. Il mit du son et des herbes odorantes dans son sac. Il s'étendit comme un mort et attendit qu'un animal vienne se fourrer dans son sac pour manger ce qu'il y avait mis.

À peine fut-il couché, qu'un jeune lapin entra dans son piège. Le chat, tira aussitôt les cordons du sac, prit l'animal et le tua sans pitié.

Séquence 2
Cahier d'activités p. 67 à 72

Je découvre la grammaire

> • Quand le déterminant est au **masculin**, le groupe du nom est au **masculin**.
>
> • Quand le déterminant est au **féminin**, le groupe du nom est au **féminin**. Le plus souvent, pour écrire un nom ou un adjectif au féminin, on ajoute un **e** à la fin du mot.

1 Je lis le groupe du nom masculin et le groupe du nom féminin correspondant.

un petit cousin → une petite cousine

un lapin nain → une lapine naine

un roi cruel → une reine cruelle

une méchant lion → une méchante lionne

le vilain sorcier → la vilaine sorcière

un chanteur connu → une chanteuse connue

2 Je lis seulement les groupes du nom correctement accordés.

le	petit	jument
	petite	cheval

un	fille	silencieuse
	garçon	silencieux

la	vieux	maison
	vieille	moulin

J'apprends du vocabulaire

3 Je lis des mots et des expressions synonymes.

| malice | fortune | vêtements | ravi | tendre | pauvre |
| ruse | richesse | habits | enchanté | affectueux | misérable |

| aller à merveille | faire fortune | prendre les devants | porter ses fruits |
| aller très bien | devenir très riche | aller en premier | réussir |

Je m'entraine à lire

4 Je lis des mots qui se ressemblent.

costume	gibier	conseil	partage
costumé	gilet	constat	sablage
coutume	gicler	console	câblage
coutumier	gifler	consacrer	portable
couture	givrer	conséquent	cartable

5 Je lis un texte en faisant des choix.

Alors que le marquis s……………, | se battait / se baignait
le roi arriva près de la rivière.
Le chat, après avoir ……… les vêtements | caché / gâché
de son maitre, se mit à …… de toute sa force : | griller / crier
« Au secours ! Au secours ! Le marquis
de Carabas ………… ! » | se doit / se noie
Le roi mit la tête à la portière et ………… | reparut / reconnut
le chat qui lui avait apporté tant de gibier.
Il ………… à ses gardes d'aller au secours | ordonna / organisa
de Monsieur le marquis de Carabas.

Je m'entraine à comprendre ce que je lis

6 Je lis des phrases qui ont le même sens.

Le chat est prêt à prendre des risques <u>afin que</u> son maitre soit heureux.
Le chat est prêt à prendre des risques <u>pour que</u> son maitre soit heureux.
Le chat est prêt à prendre des risques <u>de sorte que</u> son maitre soit heureux.

Le chat dit que son maitre est un marquis <u>pour</u> faire croire qu'il est riche.
Le chat dit que son maitre est un marquis <u>afin de</u> faire croire qu'il est riche.

« Votre fortune sera faite <u>pourvu que</u> vous suiviez mes conseils » dit le chat.
« Votre fortune sera faite <u>à condition que</u> vous suiviez mes conseils » dit le chat.

Le roi a peur que le marquis prenne froid <u>si bien qu'</u>il lui donne des habits.
Le roi a peur que le marquis prenne froid, <u>c'est pourquoi</u> il lui donne des habits.

Séquence 3
Cahier d'activités p. 73 à 77

Je découvre la grammaire

> • Un nom est au **singulier**, si on peut écrire **un** ou **une** devant.
> *Exemple : une maison (il y en a une seule)*
>
> • Un nom est au **pluriel**, si on peut écrire **les** ou **des** devant.
> Le plus souvent, un nom au pluriel se termine par un **s**.
> *Exemple : les maison**s** (il y en a plusieurs)*

1 Je lis à haute voix le déterminant et le nom qui correspond.

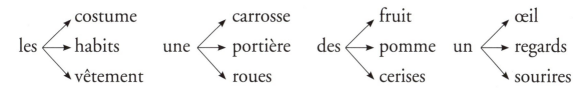

2 Je lis à haute voix les noms au singulier en ajoutant un déterminant.

promenade – faucheurs – menace – chat – paysans – blé – roi – folie

3 Je lis à haute voix les noms au pluriel en ajoutant un déterminant.

moissonneurs – lion – ogres – gouttière – révérence – champs – fille – compliments

J'apprends du vocabulaire

4 Je lis des mots de la même famille.

amusement	inquiétude	agacement	stupéfaction
amusé	inquiet	agacé	stupéfait
amusant	inquiétant	agaçant	stupéfiant

Je m'entraine à lire

5 **Je lis un texte en partie masqué.**

L'ogre le t aussi bien que le peut un og t lui propos de s'assoir.
– On m'a onté, dit le c que vous sav vous change en toutes sortes d'anim que vous p iez, p xemple, vous tr former en lion ou en phant.
– Cela est vra épondit l' e un peu a é, et je vais v le prouver.
Le chat fut si rayé de v un lion dev t lui, qu'il npa aussitôt sur la gouttiè
Quelque t s après, le chat vit que e était evenu normal.
Il se mon et avoua qu'il avait eu bien peur.

6 **Je lis des mots qui se ressemblent.**

château	ogre	lion	gouttière
chapeau	orge	loin	gouter
chaton	orage	liant	gourmet
chapiteau	orange	lino	égoutter
charpentier	oranger	lingot	égout

Séquence 4
Cahier d'activités p. 78 à 83

Je découvre la grammaire

Pour écrire un nom **au pluriel** :
– le plus souvent, on ajoute un **s** à la fin du nom.
*Exemple : **des** chats*
– parfois, on ajoute un **x** à la fin du nom.
*Exemples : **des** cheveux, **les** tuyaux, **des** châteaux, **des** bijoux*

1 Je lis à haute voix le déterminant et le nom correctement accordé.

les → cailloux / ami / château   les → table / verres / assiette   des → fille / jeux / mariage   des → seigneur / enfant / manteaux

2 Je lis seulement les noms au pluriel en ajoutant un déterminant.

chevaux – cheveu – maitres – gâteaux – chats – hibou – râteaux

J'apprends du vocabulaire

3 Je lis des mots de la même famille.

un prince → une prin**cesse**
le maitre → la mait**resse**
le comte → la com**tesse**
un ogre → une og**resse**

triste → la tris**tesse**
tendre → la tend**resse**
faible → la faib**lesse**
poli → la poli**tesse**

25

Je m'entraine à lire

4 Je lis des mots très espacés.

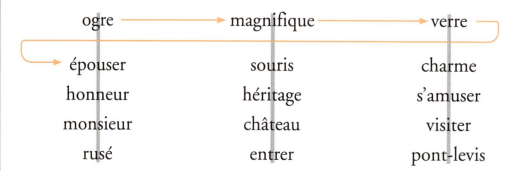

ogre	magnifique	verre
épouser	souris	charme
honneur	héritage	s'amuser
monsieur	château	visiter
rusé	entrer	pont-levis

5 Je lis des mots qui se ressemblent.

carrosse	pouvoir	charme	marquis	honneur
caresse	poupe	chauve	maquis	horreur
caresser	prouver	chaume	marquise	hauteur
casserole	produire	chaude	marque	bonheur

Je m'entraine à comprendre ce que je lis

6 Je lis les phrases en ajoutant le mot qui manque à l'endroit qui convient.

puisqu' → Le maitre Chat est très heureux il a réussi à se débarrasser de l'ogre.

pour que → Le chat explique que son maitre a un château le roi croit qu'il est très riche.

alors qu' → Le roi aperçoit le château il se promène dans la forêt.

si bien qu' → Le roi est sous le charme il accepte de donner sa fille en mariage.

J'apprends le code

Liaison CP/CE1

1	Les voyelles
2	Des syllabes avec b, m, r, s, t, v
3	Des syllabes avec d, f, j, l, n, p
4	Le découpage en syllabes
5	[t] / [d]
6	[p] / [b]
7	[m] / [n]
8	ou, oi, on
9	au, ai, an
10	[f] / [v]
11	[k] / [g]
12	[ʃ] / [ʒ]
13	g, gu, j
14	La lettre h
15	e devant une consonne
16	SYNTHÈSE 1
17	gn, gu, qu
18	pl, bl, fl, cl, gl
19	pr/br ; cr/gr ; tr/dr ; fr/vr
20	Les syllabes inversées (1)
21	Les syllabes inversées (2)
22	tion, tie
23	sc, sp, st, ct, pt
24	[wɛ̃] / [ɛ̃]
25	ain/ian ; ein/ien ; oin/ion
26	L'accentuation de la lettre e
27	[e] / [ɛ]
28	Les lettres y et z
29	Les lettres w et x
30	[j]
31	SYNTHÈSE 2

Liaison CP/CE1

1 Des mots qui se terminent par la même syllabe.

2 Des mots qui commencent par la même syllabe.

3 Des enchainements de mots.

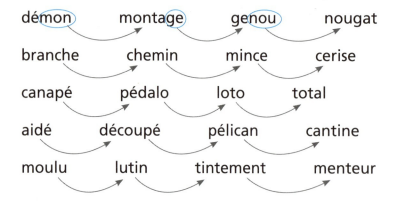

4 Des mots qui riment.

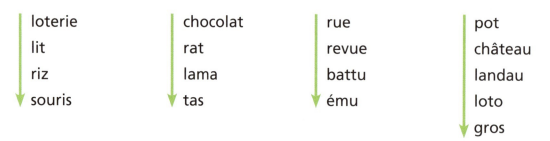

J'apprends le code

1 Les voyelles

a	e	i	o	u
les p**a**roles **a**insi	p**e**tit d**e**ux	la f**i**lle le ro**i**	n**o**tre un j**o**ur	les n**u**ées les chev**eu**x

2 Des syllabes avec b, m, r, s, t, v

bu	ra	so	ti	ma	vi
bulle **bu**reau dé**bu**ter	ca**ra**mel **ra**vi ca**ra**vane	**so**leil **so**lide con**so**ler	**ti**gre fa**ti**gue **ti**mide	**ma**lin **ma**tinée ca**ma**rade	**vi**de **vi**sage **vi**tre

3 Des syllabes avec d, f, j, l, n, p

da	fa	jo	lu	ni	pu
dame **da**te pé**da**le	**fa**cile **fa**rine **fa**tigue	**jo**li ca**jo**ler ma**jo**rette	**lu**tin **lu**mière cha**lu**meau	**ni**che pu**ni** **ni**d	**pu**rée ca**pu**che dé**pu**té

4 Le découpage en syllabes

ar|tichaut ar|bre a|raignée a|rôme	ba|nal ba|nane ban|de ban|cal	pa|nier pa|norama pan|carte pan|talon	ca|ravane ca|rafe car|te car|naval	ve|nir ve|nin ven|tre ven|du

5 [t] / [d]

[t]	
t	**tt**
la **t**oma**t**e naî**t**re l'au**t**omne un mou**t**on	a**tt**endre une pa**tt**e ....
il doi**t**	

[d]	
d	**dd**
un **d**omino gran**d**e **d**ouce le **d**ragon	l'a**dd**ition un ca**dd**ie ....
un bon**d**	

6 [p] / [b]

[p]	
p	**pp**
une **p**omme un **p**étale le **p**roblème **p**articulier	a**pp**eler une envelo**pp**e ....
un cam**p**	

[b]
b
une **b**ordure **b**leu le **b**ras le paque**b**ot ....
le plom**b**

J'apprends le code

7 [m] / [n]

[m]	
m	**mm**
malade une for**m**ule un ga**m**in une **m**ontagne	co**mm**e une fla**mm**e ....
l'auto**m**ne	

[n]	
n	**nn**
noir la rei**n**e la **n**uit	bo**nn**e perso**nn**e ....

8 ou, oi, on

ou
[u]
un **ou**rs t**ou**j**ou**rs d**ou**x r**ou**sse ....

oi
[wa]
un **oi**seau le r**oi** autref**oi**s la v**oi**x ....

on
[ɔ̃]
un **on**gle un c**on**te ils dir**on**t bl**on**d ....

9 au, ai, an

👁 **au**	👁 **ai**	👁 **an**
👂 [o]	👂 [ɛ]	👂 [ɑ̃]
une **au**truche elle ex**au**ce **au** moins s**au**f	un **ai**gle ils ét**ai**ent il dis**ai**t n**ai**tre	l'**an**tenne la l**an**gue la ch**an**ce un enf**an**t
....	....	....

⚠ nous f**ai**sons

10 [f] / [v]

👂 [f]			👂 [v]
👁 **f**	**ff**	**ph**	👁 **v**
une **f**ée un **f**locon un che**f**	une a**ff**iche une ga**ff**e ça su**ff**it	un élé**ph**ant un **ph**are le dau**ph**in	une **v**ache la **v**oix pau**v**re
....	....	....	....

J'apprends le code

11 [k] / [g]

[k]			[g]
c	qu ou q	k	g
le **c**amion	**qu**atre	le **k**oala	un **g**âteau
le flo**c**on	**qu**and	un **k**ilo	la lan**g**ouste
ave**c**	**qu**arante	un **k**iwi	une **g**alette
le **c**œur		un **k**angourou	**g**rand
un co**q**			

blan**c** — le doi**gt**, l'étan**g**

⚠ se**c**ond

12 [ʃ] / [ʒ]

[ʃ]		[ʒ]	
ch	sch ou sh	g	j
un **ch**eval	un **sch**éma	la **g**irafe	une **j**upe
un **ch**âteau	un **sh**ampoing	rou**g**ir	**j**eune
charmant		l'ar**g**ent	la **j**oue
affi**ch**er		sa**g**e	un **j**ardinier

13 g, gu, j

g		gu	j
[g]	[ʒ]	[g]	[ʒ]
un **g**âteau un **g**arçon ri**g**olo un o**g**re	la **g**irafe une ca**g**e un **g**enou il ron**g**ea	la **gu**itare une fi**gu**e une va**gu**e une **gu**êpe	une **j**upe du so**j**a le **j**ournal un **j**eton
....	....	....	....
....	....	....	....

14 La lettre h

ch	ph	h
[ʃ]	[f]	[.]
un **ch**eval accro**ch**er un **ch**ameau	un **ph**are un **ph**oque un élé**ph**ant	un **h**omme un **h**ôpital le bon**h**eur
....	....	....
....	....	....

⚠ un **ch**ronomètre

34

J'apprends le code

15 e devant une consonne

ec	es	ette	elle	esse
sec avec bec	l'escalier une veste l'espoir	une boulette une mouette une chouette	une pelle une manivelle l'ombrelle	une caresse une princesse la presse
....	....	....	....	....
....	....	....	....	....

16 SYNTHÈSE 1

[t]	[d]
une tartine une tortue un tentacule une patte	dodu un dindon doux l'addition une tondeuse timide
....	....
....	....

[p]	[b]
Paris un pull du paprika une nappe	un bonbon un bibelot une brebis un paquebot la poubelle
....	....
....	....

[f]	[v]
la forêt une farandole un buffet un phare	vite le voleur une caravane une fève la faveur
....	....
....	....

[m]	[n]
la musique une marmite le mimosa une pomme une manette	un navire la peine nouer une canne un mineur
....	....
....	....

17 gn, gu, qu

gn	gu	qu
[ɲ]	[g]	[k]
un pei**gn**e une li**gn**e le ga**gn**ant la ca**gn**otte	une **gu**êpe la lan**gu**e une ba**gu**ette une ba**gu**e	**qu**atre une cas**qu**ette pour**qu**oi l'informati**qu**e

⚠ un lé**gu**me ⚠ une pi**qu**re

18 pl, bl, fl, cl, gl

pl	bl	fl
[pl]	[bl]	[fl]
plus **pl**ein les peu**pl**iers du **pl**âtre	**bl**anc **bl**eu vérita**bl**e un éra**bl**e	une **fl**eur réfl**é**chir souff**l**er le **fl**acon

cl	gl
[kl]	[gl]
la **cl**ef un cy**cl**one la **cl**asse **cl**ouer	une **gl**ace un **gl**and un on**gl**e **gl**uant

J'apprends le code

19 pr/br ; cr/gr ; tr/dr ; fr/vr

pr	br
[pr]	[br]
une **pr**une	le **br**as
ex**pr**ès	un **br**uit
il a **pr**is	un ar**br**e
le **pr**ésent	**br**uyant
....	....
....	....

cr	gr
[kr]	[gr]
un **cr**abe	une **gr**imace
un se**cr**et	**gr**and
é**cr**ire	mai**gr**e
crier	un **gr**amme
....	....
....	....

tr	dr
[tr]	[dr]
trois	un **dr**omadaire
trouver	un ca**dr**e
une **tr**ace	un **dr**ap
le **tr**ain	**dr**oite
....	....
....	....

fr	vr
[fr]	[vr]
une **fr**aise	**vr**ai
frotter	ou**vr**ir
frais	un li**vr**e
la **fr**iandise	la fiè**vr**e
la bala**fr**e	
....	....
....	....

20 Les syllabes inversées (1)

ar	er	ir	or	ur	our
[ar]	[ɛr]	[ir]	[ɔr]	[yr]	[ur]
la luc**ar**ne p**ar** reg**ar**der	asp**er**ger renv**er**ser le dess**er**t	souffr**ir** ag**ir** sort**ir**	il d**or**t m**or**dre les **or**ties	s**ur** s**ur**sauter h**ur**ler	p**our**tant la j**our**née touj**our**s
....	....	....	....	....	....
....	....	....	....	....	....

as	es	is	os	us
[as]	[ɛs]	[is]	[ɔs]	[ys]
un **as**ticot un **as** un **as**tre	la si**es**te r**es**ter un f**es**tival	tr**is**te la p**is**tache le dent**is**te	un **os** un c**os**tume c**os**taud	pl**us** j**us**te j**us**qu'à
....	....	....	....	....
....	....	....	....	....

21 Les syllabes inversées (2)

ac	ec	ic	oc	uc
[ak]	[ɛk]	[ik]	[ɔk]	[yk]
une facture le facteur un sac	avec le bec un fennec	un pic la dictée un tic	le docteur un bloc nocturne	un duc un viaduc
....	....	....	....	....
....	....	....	....	....

al	el	il	ol	ul
[al]	[ɛl]	[il]	[ɔl]	[yl]
un journal un calque spécial	le ciel quelqu'un le sel	du fil un sourcil un film	un bol le golf la récolte	la culture ultime le calcul
....	....	....	....	....
....	....	....	....	....

22 tion, tie

tion	
[sjɔ̃]	[tjɔ̃]
une addi**tion**	une ques**tion**
une opéra**tion**	un bas**tion**
la dispari**tion**	nous par**tion**s
....	....
....	....

tie	
[si]	[ti]
une acroba**tie**	une or**tie**
elle balbu**tie**	une par**tie**
une péripé**tie**	elle est sor**tie**
....	....
....	....

23 sc, sp, st, ct, pt

sc	sp	st	ct	pt
un **sc**orpion	**sp**écial	le **st**ylo	un prospe**ct**us	un hélico**pt**ère
le **sc**arabée	le **sp**ort	un **st**age	un ca**ct**us	ca**pt**er
le **sc**andale	une **sp**irale	une **st**atue	un tra**ct**	o**pt**er
la bi**sc**otte	une e**sp**èce	la li**st**e	un di**ct**on	un ra**pt**
....	....	....	....	....
....	....	....	....	....

J'apprends le code

24 [wɛ̃] / [ɛ̃]

[wɛ̃]
oin
le f**oin**
un c**oin**
l**oin**tain
un p**oin**t
....
....

[ɛ̃]	
ain	**ein**
un n**ain**	une c**ein**ture
un refr**ain**	un p**ein**tre
dem**ain**	un r**ein**
m**ain**tenant	pl**ein**
....	....
....	....

25 oin/ion, ain/ian, ein/ien

oin	**ion**
[wɛ̃]	[jɔ̃]
l**oin**	un p**ion**
un bes**oin**	un l**ion**
le gr**oin**	la pass**ion**
	nous parl**ion**s
....	....
....	....

ain	**ian**
[ɛ̃]	[jɑ̃]
il cr**ain**t	en cr**ian**t
il se pl**ain**t	un pl**ian**t
le tr**ain**	en color**ian**t
le poul**ain**	le fr**ian**d
....	....
....	....

ein	**ien**
[ɛ̃]	[jɛ̃]
ser**ein**	le ch**ien**
la c**ein**ture	r**ien**
t**ein**dre	le s**ien**
il p**ein**t	un l**ien**
....	....
....	....

26 L'accentuation de la lettre e

è	ê
[ɛ]	[ɛ]
il gèle	un rêve
derrière	la fenêtre
un manège	la tête
le père	une bête
....	....
....	....

é
[e]
l'école
la réponse
la vérité
une nuée
un hématome
....
....

J'apprends le code

27 [e] / [ɛ]

[e]			
é	er	es	ez
la péniche la réponse l'été	un panier le diner un métier	mes tes ses	chez le nez vous allez
....	....	....	....

[ɛ]					
è	ê	e	et	ai	ei
la lèvre la vipère la lumière	une pêche une bête la fête	belle les lunettes il reste	un secret un jouet le poulet	la laideur vraiment frais	la baleine une reine la peine
....	....	....	....	....	....

⚠ un poney

28 Les lettres y et z

y	
[i]	[j]
un cyclone	un noyau
une mygale	un coyote
un lys	un kayak
la pyramide	les yeux
....	....
....	....

z	
[z]	[.]
quatorze	du riz
onze	un raz de marée
la zone	
le zoo	
....	....
....	....

⚠ le nez

29 Les lettres w et x

w	
[w]	[v]
un **w**apiti un ki**w**i un **w**allaby	un **w**agon le **w**agonnet ....

x		
[ks]	[gz]	[.]
une ta**x**e une e**x**périence l'e**x**térieur	un e**x**amen e**x**act il e**x**agère	deu**x** les cheveu**x** les feu**x** ....

30 [j]

[ij]
ill(e)
un coqu**ill**age
maqu**ill**er
une f**ille**
la chen**ille**
....
....

[ɛj]	
eil	**eill(e)**
le somm**eil**	merv**eill**eux
le sol**eil**	l'ab**eille**
le rév**eil**	la corb**eille**
par**eil**	il cons**eille**
....	....
....	....

[aj]	
ail	**aill(e)**
le port**ail**	un p**aill**asson
l'**ail**	la bat**aille**
le bét**ail**	la c**aille**
un r**ail**	il trav**aille**
....	....
....	....

[œj]	
euil	**euill(e)**
le s**euil**	f**euill**u
un faut**euil**	une f**euille**
un écur**euil**	le portef**euille**
le chevr**euil**	un millef**euille**
....	....
....	....

[uj]	
ouil	**ouill(e)**
le fen**ouil**	nous f**ouill**ons
	le br**ouill**on
	la gren**ouille**
	la r**ouille**
	il bred**ouille**
	....
	....

J'apprends le code

31 SYNTHÈSE 2

- Je lis des mots qui n'existent pas.

1 syllabe		
chouil	poinct	spian
breinst	croin	stion

2 syllabes		
traineil	vranchouil	grainzeil
flantrail	nianfrou	mainspoct

3 syllabes		
agluseuil	bractoxil	vianconail
yaspacteil	fouintulya	psartichail

4 syllabes		
prataxifeuil	plouzéticaille	scofrouillaxet
scanpontirail	agrougnazeille	ailloscointan

Achevé d'imprimer en Italie par L.E.G.O. S.p.A. - Lavis (TN)
Dépôt légal : 99933-8/05 - Juin 2019